Festschrift
zum 125 jährigen Jubiläum
der Feuerwehr Langerfeld

---

13. - 15. Oktober 2000

Liebe Freunde der Feuerwehr Langerfeld,

seit nunmehr 125 Jahren sind Bürger unserer Stadt bereit, ihr Leben für das ihrer Mitmenschen einzusetzen. Das, was damals mit Ledereimer und Holzleiter als "Turnerfeuerwehr" begann, ist heute eine schlagkräftige Wehr mit viel "High-Tech".

Wir möchten Ihnen in dieser Festschrift einen Überblick über unsere Einheit verschaffen. Neben unserer Entstehungsgeschichte, die natürlich auch sehr eng mit der Historie des Langerfelder Stadtteils verbunden ist, möchten wir Sie über unsere Entwicklung bis heute informieren. Natürlich werden wir dabei auch unsere Fahrzeuge von gestern und heute beleuchten. Ein Kapitel widmet sich unserem im Jahre 1997 bezogenen Gerätehaus "Am Timpen". Vergessen möchten wir natürlich auch nicht unsere Jugendfeuerwehr sowie unsere Partnerwehr in Mittenwalde (südlich von Berlin).

Wenn Sie in Zukunft auch weiterhin an Informationen über uns interessiert sind, so schauen Sie einfach einmal auf der Homepage der Feuerwehr Wuppertal "www.wuppertal.de/feuerwehr" oder unserer Homepage "www.feuerwehr-langerfeld.de" vorbei.

Mit dem Motto von 1875 nun viel Spaß bei der Lektüre!

> Harre in Gefahren aus
> Treu beschütze Hof und Haus
> Gieb, wenn`s gilt, das Letzte her
> Muthig vorwärts, Feuerwehr!

Gut Schlauch

Ihre Feuerwehr Langerfeld

Das offizielle Logo zum 125-jährigen Jubiläum wurde vom bekannten Langerfelder Malermeister und Künstler Friedrich Paul entworfen. Die Buchstabenkombination "FFL" steht für die Initialen der Langerfelder Feuerwehr:

F reiwillige
F euerwehr
L angerfeld

Den Mittelpunkt des Rahmens bildet die Silhouette des Stadtteil Langerfeld mit dessen abstrakten Wappen im Vordergrund.

Grußworte des Schirmherrn Bürgermeister a.D. der Stadt Wuppertal

Herrmann-Josef Richter
Bürgermeister a.D.

Liebe Freunde der Freiwilligen Feuerwehr Langerfeld,

125 Jahre Jubiläum der Löscheinheit Langerfeld bedeutet gleichzeitig 125 Jahre ehrenamtlicher Dienst für viele junge Männer und neuerdings auch Frauen zum Wohle des Nächsten.

Oftmals unter Einsatz von Gesundheit und Leben waren Männer in Langerfeld bereit, in ihrer Freizeit tätig zu werden, um anderen Menschen ihres Heimatstadtteils Sicherheit zu bringen und sie vor größerem Brandschaden zu bewahren. Dies gilt durchgängig, vom ersten Aufruf im damaligen Amtsblatt durch den Amtmann und späteren Einheitsführer Karl von Bock und Polach bis auf den heutigen Tag.

Wuppertal-Langerfeld wäre ohne Freiwillige Feuerwehr Langerfeld in guter und kameradschaftlicher Koordination der Löscheinheit Ehrenberg nicht vorstellbar.

Dies gilt übrigens für alle Freiwilligen Feuerwehren in Wuppertal. Sie sind ein Stück Heimat und Bürgerengagement. Sie leisten Dienste in guter Ergänzung zur Berufsfeuerwehr. Beide sind unverzichtbar.

Gerade wir in Wuppertal, einer Stadt mit noch vielen selbständigen Ortsteilen und seiner weit auseinandergezogenen Bandstruktur, benötigen unsere Freiwilligen Feuerwehren, und dies gilt eben auch und insbesondere für den Stadtteil Langerfeld.

Als Mitglied der Freiwilligen Feuerwehr Nächstebreck und Ehrenbrandmeister dieser Feuerwehr möchte ich meine große Verbundenheit zum Ortsteil Langerfeld, seinen Vereinen und Organisationen, zu dem auch die Feuerwehr zählt, zum Ausdruck bringen.

Ich habe mich deshalb über die Bitte nach Übernahme der Schirmherrschaft für dieses 125-jährige Jubiläum sehr gefreut und möchte Ihnen versichern, daß ich auch zukünftig, im Rahmen meiner Möglichkeiten, ein unterstützender Freund der Freiwilligen Feuerwehren in Wuppertal und in Langerfeld insbesondere bleiben werde.

Beglückwünschen können sich die Langerfelder auch zu ihrem Gerätehaus "Am Timpen 44", das sie gemeinsam mit der Löscheinheit Ehrenberg nutzen. Ich kann mich noch an den langen und beschwerlichen Weg erinnern bis es zu den Grundsatzbeschlüssen zur Baugenehmigung und dann zur Grundsteinlegung kam, bei der ich selbst, die Stadt Wuppertal vertretend, anwesend war. Mit viel Eigeninitiative und persönlichen Einsatz der Feuerwehrmänner und insbesondere sicherlich auch ihrer Ehefrauen und Partnerinnen ist es gelungen, weit über den Rahmen der abgesteckten städtischen Möglichkeiten hinaus, Zusätzliches zu leisten und in dieses Gerätehaus eine ganz besondere Atmosphäre zu bringen. Hier kann man sich wohlfühlen.

Vor und nach den Einsätzen ist es wichtig, daß für die Feuerwehrkameraden ein Bereich vorhanden ist, in dem sie sich wohlfühlen. Kameradschaft ist das wichtigste Bindeglied der Aktiven untereinander; sich wechselseitig aufeinander verlassen können ist im Notfall lebens- und überlebenswichtig.

Ganz besonders hervorheben möchte ich an dieser Stelle auch die Ideen und Aktivitäten zum Aufbau der Jugendfeuerwehr Wuppertal im Bereich Ehrenberg/Langerfeld. Hier wird gerade jungen

Menschen der kameradschaftliche Einsatz für die Heimat und für den Nächsten vermittelt.

Junge Menschen, die sich einsetzen, in einer Zeit, in der viel über Orientierungslosigkeit und Werteverfall geredet und geschrieben wird, verdienen unsere besondere Anerkennung und unseren Respekt.

Respekt möchte ich aber auch denen aussprechen, die bereit sind, zusätzliche, weitere Freizeit einzusetzen, um die Jugendfeuerwehr aufzubauen, sie zu unterrichten und mit dem notwendigen Rüstzeug zu versehen.

Dem großen Festwochenende anläßlich des 125-jährigen Jubiläums vom 13. - 15. Oktober wünsche ich einen harmonischen Verlauf. Ich bin überzeugt, daß viele Langerfelderinnen und Langerfelder an den unterschiedlichsten Veranstaltungen teilnehmen werden. Dies gilt insbesondere auch für die Festveranstaltung am 14. Oktober im CVJM-Haus, aber auch für die Abschlußfeier am darauffolgenden Sonntag, die um 11.00 Uhr mit dem Kirchgang beginnt und dem sich ein großartiger Festumzug anschließt.

Abschließend ein herzliches Dankeschön den Männern und Frauen der Freiwilligen Feuerwehr Langerfeld, die heute tätig sind. Die Langerfelder wissen, daß man sich auf Sie verlassen kann.

Herzlichen Glückwunsch zum 125-jährigen Jubiläum!

Ich hoffe, daß auch die nächsten 125 Jahre in gleicher Weise erfolgreich verlaufen werden!

Hermann-Josef Richter

Dr. Hans Kremendahl
Oberbürgermeister

Sehr geehrte Damen und Herren,

ich freue mich, Ihnen zu einem besonderen Jubiläum gratulieren zu können:

Die Freiwillige Feuerwehr Langerfeld besteht 125 Jahre!

Daß dies mit einem Festakt in gebührendem Rahmen gefeiert werden muß, ist selbverständlich.

Im Laufe der Jahre haben sich die Anforderungen an Ausbildung und Technik gravierend geändert.

In der Feuerwehr zu sein, heißt moderne Fahrzeuge und Geräte beherrschen und sich ständig weiter zu qualifizieren.

Eines aber ist wie früher unverändert geblieben: Mitarbeit in der Freiwilligen Feuerwehr bedeutet Dienst an den Bürgerinnen und Bürgern, bedeutet heute nicht mehr so ganz selbstverständliches ehrenamtliches Engagement und Einsatz zum Schutz von Menschen und Sachwerten! Alles dies leisten Sie - wie die über 90 Einsätze im vergangenen Jahr bewiesen haben - sehr vorbildlich. Dafür möchte ich Ihnen ganz herzlich danken!

Die Freiwillige Feuerwehr Langerfeld ist darüber hinaus aus "ihrem" Stadtbezirk nicht mehr wegzudenken; sie ist seit 125 Jahren eine feste Institution; mit über 40 aktiven Helferinnen und Helfern verfügt sie über einen soliden Bestand; die 25 Mitglieder der Jugendfeuerwehr sorgen dafür, daß sie sich über Nachwuchs auch in Zukunft keine Sorgen zu machen braucht.

Ihnen und Ihren Freunden und Bekannten wünsche ich festliche und vergnügliche Stunden!

Dr. Hans Kremendahl

Hans Jochen Blätte
Ltd. Branddirektor

Liebe Langerfelder Feuerwehrkameraden,

Organisationen, die 125 Jahre der Gemeinschaft dienten, haben es verdient, daß man innehält und diesen die Ehre erweist. Die Langerfelder Freiwillige Feuerwehr gehört zu einer solchen Organisation, die diese Ehrerbietung verdient hat, weil sie insbesondere mit ihren Mitgliedern tagtäglich über die lange Zeit hinweg bereit war, für den Nächsten in seiner Not da zu sein.

Wo andere weglaufen, da rennen die Feuerwehrmänner und -frauen hin und helfen. Dieser Grundsatz verbunden mit einer ehrenamtlichen Tätigkeit hat in Langerfeld eine stete Tradition. Sie wird gehegt und gepflegt von einem lebendigen Bürgersinn, der in dieser Form hoffentlich noch lange Bestand haben wird.

Die gute und erfolgreiche Entwicklung der letzten 125 Jahre hat in einer ausgezeichneten Mannschaft, in einem soliden, schönen und neuen Gerätehaus und in einem ansehnlichen Fuhrpark ihren sichtbaren Ausdruck gefunden. Nun gilt es nach dieser langen Erfolgsstory neue Wege und Ziele zu suchen und diese aber auch zu begehen. Die Scheu diesen neuen Weg nicht zu wagen, wäre sicherlich mit einem zögerlichen Handeln im Einsatz zu vergleichen. Die Gesellschaft und deren Randbedingungen ändern sich in einer atemberaubenden Rasanz. Freiwillige Feuerwehren sind Teil dieser Gesellschaft und sie werden durch diese beeinflußt und geprägt. Wenn eine Freiwillige Feuerwehr keine Konzepte hat, wie sie mit den spürbaren Veränderungen umgehen wird, dann wird sie vergreisen und jungen Menschen keine Basis mehr bieten.

Die Langerfelder haben durch eine sehr aktive Jugendfeuerwehr, zusammen mit den Hausnachbarn, gegen diesen Alterungsprozess vorgebeugt und sie können daher auf hoffentlich weitere 125 Jahre bauen. Damit ist die Grundlage für eine fröhliche und unbeschwerte Jubiläumsfeier gelegt.

Ich wünsche den Langerfeldern Kameraden für die Zukunft alles Gute und bedanke mich als Vertreter der Feuerwehr Wuppertal zugleich für die geleisteten Dienste in den vergangenen 125 Jahre.

Dipl.-Phys. Hans Jochen Blätte

Grußworte des Geschäftsführers der Freiwilligen Feuerwehr Wuppertal

Axel Frieß
Geschäftsführer
Freiwillige Feuerwehr
Wuppertal

Liebe Kameradinnen und Kameraden der Freiwilligen Feuerwehr Langerfeld!

Das Feuer gehörte schon immer zu den nützlichsten Freunden des Menschen, leider auch vielfach zu seinen schrecklichsten. Daher ist es zu verstehen, daß sich Nachbarn zusammenfanden, um diese Gefahr abzuwehren.

Um eine solche Gefahrenabwehr zu installieren, wurde am 28.09.1875 die Freiwillige Feuerwehr Langerfeld von weitsichtigen Bürgern Langerfelds gegründet. Sie feiert heute im Jahr 2000 ihr 125 jähriges Bestehen und ist damit die zweitälteste Freiwillige Feuerwehr im Stadtgebiet Wuppertal.

Das Engagement und der Einsatz der Freiwilligen Feuerwehr Langerfeld haben in den vergangenen Jahrzehnten dazu beigetragen, die Sicherheit der Bürgerinnen und Bürger unserer Stadt zu erhöhen. Immer wieder haben sie, zum Teil unter größter Gefahr, Menschen aus Notlagen gerettet, sowie Gebäude und Güter vor dem Raub der Flammen geschützt.

In einer Zeit, wo andere sensationslüstern nur danebenstehen, wenn Zupacken gefragt ist, verdienen die Frauen und Männer einer Freiwilligen Feuerwehr besonderen Respekt. Schon längst ist es keinesfalls mehr selbstverständlich, sich ehrenamtlich für den Nächsten einzusetzen. Ehrenamt und Engagement, das vielerorts herausragend gelobt und besprochen wird, existiert in einer Freiwilligen Feuerwehr. Das hat auch die Freiwillige Feuerwehr Langerfeld in ihrer 125 jährigen Geschichte vielfach bewiesen.

Die Freiwillige Feuerwehr Langerfeld hat sich somit in den vergangenen 125 Jahren zu einer schlagkräftigen und auch technisch gut ausgerüsteten Wehr entwickelt, die im Gesamtbild der Feuerwehr Wuppertal, nicht nur im Stadtgebiet Langerfeld, eine wichtige Stellung einnimmt.

Heute begeht diese Feuerwehr ihr 125 jähriges Jubiläum. Ein Jubiläum einer Einrichtung, die, wie schon vorstehend erwähnt, uneigennützig und ehrenamtlich auf die Hilfe des Nächsten ausgerichtet ist. Für diese Tätigkeit der Hilfe am Nächsten möchte ich mich bei den Kameradinnen und Kameraden der Freiwilligen Feuerwehr Langerfeld recht herzlich bedanken und wünsche auch für die Zukunft weiterhin alles Gute und viel Glück.

Axel Frieß

Grußworte des Sprechers der Freiwilligen Feuerwehr Wuppertal

Winfried Schrahe
Sprecher der Freiwilligen
Feuerwehr Wuppertal

Die Feuerwehr des Stadtteils Langerfeld feiert am 13. Oktober ihr 125 jähriges Gründungsfest.

Mit diesen 125 Jahren gehört die Organisation "Feuerwehr" in Langerfeld zweifelsfrei mit zu den ältesten Feuerwehren in unserem schönen Wuppertal. Nicht nur für die Angehörigen dieser Löscheinheit, sondern darüber hinaus für die gesamte Langerfelder Bevölkerung sollte dies ein Anlaß sein, dieses Jubiläum festlich zu begehen. 125 Jahre Feuerwehr Langerfeld heißt auch 125 Jahre Dienst für die Allgemeinheit und für die in Not und Gefahr befindlichen Mitbürger.

Gerade in den letzten Jahrzehnten hat sich auf dem Gebiet des Feuerlöschwesens ein großer Wandel vollzogen. Aus der einst reinen "Feuerwehr" hat sich im Laufe der Zeit eine hochtechnisierte Truppe entwickelt uns sich in Ausrüstung und Ausbildung den veränderten Gegebenheiten angepaßt. Technische Hilfeleistungen bei Verkehrsunfällen, Gefahrenabwehr bei Unfällen mit gefährlichen Stoffen und Gütern gehören heute zum Einsatzalltag bei der Feuerwehr des Stadtteils Langerfeld. Bei der Bewältigung neuer Probleme, welche im Laufe der Jahre auf die Einsatzkräfte zukamen, gingen gerade auch von der Feuerwehr Langerfeld immer wieder neue Ideen und Impulse aus.

Hier waren vielfach Feuerwehrleute mit an vorderster Stelle, welche durch technisches Verständnis, durch Weitblick, aber auch durch den unabhängigen Willen, ihren Mitmenschen in der Not nicht nur schnelle, sondern auch sach- und fachgerechte Hilfe zu bringen, Pionierarbeit auf vielen Gebieten des Feuerlöschwesens geleistet haben.

Ich darf den Angehörigen der Löscheinheit Langerfeld für ihre Zusammenarbeit, aber auch für ihre ständige ehrenamtliche Einsatzbereitschaft und ihre Arbeit zum Wohle der Allgemeinheit Dank und Anerkennung aussprechen. Für die Zukunft wünsche ich der Löscheinheit Langerfeld alles Gute und für die Veranstaltungen anläßlich des Jubliäums einen guten Verlauf.

Winfried Schrahe

Grußworte des Einheitsführers der Freiwilligen Feuerwehr Wuppertal Löscheinheit Langerfeld

Dirk Freudenwald
Einheitsführer

Zum Anlaß des 125-jährigen Bestehens der Freiwilligen Feuerwehr Langerfeld grüße ich alle Feuerwehr-Kameraden, Freunde, Gönner und Festgäste.

Meinen Dank sage ich allen, die dazu beigetragen haben, dieses Jubiläum festlich zu begehen.

Die Jubiläumsfeier soll die Verbundenheit zwischen der Feuerwehr und der Bevölkerung vertiefen und uns Ansporn sein, das uns in der Vergangenheit entgegengebrachte Vertrauen auch in Zukunft zu rechtfertigen und uns uneigennützig zum Wohle aller einzusetzen.

Vor 125 Jahren fanden sich Männer zusammen, um für den Schutz ihrer Mitbürger eine Selbsthilfe-Organisation zu schaffen, ohne hierfür materielle oder persönliche Vorteile zu erwarten oder zu erhalten. Dies ist bis heute so geblieben, und ich bin voller Zuversicht und Hoffnung, daß dieser Gedanke der praktizierten Nächstenliebe auch in Zukunft immer wieder Kameraden bewegen wird, Idealismus über alle materielle Dinge zu stellen, obwohl dies in der heutigen Zeit nicht so einfach und schon gar nicht selbstverständlich ist.

Dienst in der Freiwilligen Feuerwehr beinhaltet heute eine umfangreiche Aufgabenstellung, verlangt neben freiwilliger

Opferbereitschaft Kenntnisse in verschiedenen Fachbereichen und erfordert mehr denn je eine Ausrüstung mit modernsten Geräten. Deshalb danke ich allen Feuerwehrkameraden für ihre Bereitschaft zum Lernen, Helfen und Retten.

Mein besonderer Dank gilt auch den Angehörigen, ohne deren Verständnis der Feuerwehrdienst auf gänzlich freiwilliger Basis nicht denkbar wäre.

Mein Dank gilt auch dem Rat und der Verwaltung unserer Stadt für die Bereitstellung von Mitteln, die erforderlich waren, unsere Wehr auf den heutigen modernen, technischen Stand zu bringen.

Auch unserer Jugendfeuerwehr gilt mein Dank, die sich mit viel Elan auf ihre spätere freiwillige Aufgabe rechtzeitig einstellt.

Ich hoffe, daß auch in Zukunft Mitbürger durch den Gedanken der Hilfsbereitschaft bewegt werden, sich für den ehrenamtlichen Dienst in der Freiwilligen Feuerwehr zur Verfügung zu stellen.

Dirk Freudenwald

Gedenken an unsere Kameraden

In dankbarer Verbundenheit und Ehrfurcht gedenken wir anläßlich unseres 125-jährigen Bestehens aller seit dem Gründungsjahr verstorbenen, gefallenen und vermißten Kameraden. Der Geist der Treue soll uns allzeit Auftrag und Mahnung sein.

Gott zur Ehr - dem Nächsten zur Wehr

Gedenktafel am Museum der Feuerwehr Memphis,
Tennessee (USA)

Historischer Rückblick der Langerfelder Wehr

125 Jahre sind eine lange Zeit, in der es so manches "Dönnekes" zu erzählen gibt. Zeitzeugen von unserer Gründung gibt es keine mehr, aber dennoch möchten wir Sie, liebe Leser, in den nächsten Minuten lebendig mit unserer Historie bekannt machen.

Im Jahre 1875 rief der damalige Amtmann von Bock die Bürger Langerfelds auf, der neu zu gründenden Feuerwehr beizutreten. 49 Bürger meldeten sich daraufhin und bildeten fortan die Wehr. Vor dieser Zeit gab es keinen geregelten und organisierten Brandschutz. Vielmehr war es die gegenseitige Hilfe der Nachbarn, die immer wieder bei Feuer geprüft wurde. Aus dieser Not heraus entstand also letztlich die Feuerwehr Langerfeld. Natürlich lief der Dienstbetrieb in den Anfängen noch sehr provisorisch ab. Das änderte sich aber schlagartig, als am 1. August 1895 der Grundstein für ein Gerätehaus mit Steigerturm in der Fleute gelegt wurde. Endlich hatte die Mannschaft für sich und ihre Geräte eine vernünftige Unterbringung.

Ein Teil der Langerfelder Wehr von 1905

Im Jahre 1900 konnte die Wehr zum 25-jährigen Jubiläum auf Holzmanns Wiese in ein großes Festzelt einladen. 1911 wurden alle Feuerwehren des Bezirkes Langerfeld auf Geheiß des Landrates zu Schwelm zu einem Löschzug zusammengefaßt. Branddirektor

Wilhelm Borcherding übernahm für 22 Jahre die Leitung dieses neuen Löschzuges.

Mannschaftsbild zum 30-jährigen Bestehen 1905

Durch den 1. Weltkrieg ging die Mitgliederzahl drastisch zurück. Einige Kameraden kehrten leider von den Schlachtfeldern nie wieder nach Langerfeld zurück. Das 50-jährige Bestehen konnte 1925 unter dem neuen Brandmeister Carl Lenzing gefeiert werden. 1933 übernahm dann Hauptbrandmeister Ernst Mardey die Wehr. In der Zwischenzeit wurden alle Wehren Wuppertals unter das Kommando der Berufsfeuerwehr gestellt. Die Zentralisierung der Hitlerschen Macht machte auch vor den Feuerwehren nicht halt.

1935 wurde in Langerfeld der Verbandstag der Feuerwehren gefeiert. 1937 übernahm dann Oberbrandmeister J. Gaßen das Kommando über die Langerfelder Wehr.

Auch in den Wirren des 2. Weltkrieges wurde die Mitgliederstärke immer geringer. Auch hier mußten einige Kameraden leider wieder ihr Leben lassen. In den letzten Kriegstagen 1945 mußten die Langerfelder Kameraden zusammen mit der Einheit Wulfeshohl-Ehrenberg mehrtägige Brandeinsätze und Viehbergungen auf dem Ehrenberg durchführen.

Nach dem Krieg folgte auch bei der Langerfelder Wehr ein Neuanfang. Es war eine Zeit, in der sehr viel Erfindergeist und

Improvisationssinn erforderlich waren, um einen Dienstbetrieb mit den vorhandenen Mitteln aufrecht zu halten. In den sechziger Jahren wurde dann die Straße "In der Fleute" ausgebaut. Die nunmehr fast 70 Jahre alte Wache wurde Opfer dieser Baumaßnahmen. Allerdings war das weinende Auge schnell wieder getrocknet, denn wir bekamen in der Wilhelm-Hedtmann-Str. 22 in Langerfeld eine neue Heimat. 1967 übergab Branddirektor Dipl. Ing. Ahrens als Leiter der Feuerwehr Wuppertal das für 120.000,- DM erbaute Gerätehaus, in dem ein LF 16 sowie ein TLF 8 Platz fanden.

Auch in den folgenden Jahren heulten in Langerfeld oftmals die Sirenen. Es galt immer wieder Großbrände zu bekämpfen, wie etwa in einem Textilwerk, einer Seifenfabrik oder einer Schreinerei. Auch überörtliche Löschhilfe in der Nachbarstadt Schwelm wurde geleistet.

Die Führung der Langerfelder Feuerwehr wurde 1969 von Oberbrandmeister J. Gaßen an Heinz Gaßen übertragen. 1973 folgte Wilhelm Eckhoff, der wiederum von Ernst August Arndt und anschließend von Alfred Scherken beerbt wurde. Heute führt Hauptbrandmeister Dirk Freudenwald die Geschicke der Einheit.

1975 stand ganz im Zeichen des 100jährigen Jubiläums. Ein großes Fest wurde gefeiert. Ein weiteres Highlight unserer Geschichte war 1987. Die 7. Jugendfeuerwehr in Wuppertal wurde im Nordosten aus den drei Einheiten Ehrenberg, Langerfeld und Nächstebreck gegründet. Diese drei Stadtteile waren auch letztlich Namensgeber dieser Einheit: ELaN. Mittlerweile ist diese Jugendfeuerwehr so groß geworden, daß Nächstebreck eine eigene gegründet hat. Viele der Gründungsmitglieder von 1987 sind heute noch aktives Mitglied.

Seit Anfang der 90er Jahre wurde das Thema Brandschutzerziehung zunehmend wichtiger. Mit Hilfe von Schulungen durch die Berufsfeuerwehr übernehmen wir mittlerweile selbständig die Brandschutzausbildung in den Langerfelder Kindergärten und Grundschulen. Durch diese Aufklärung konnte mit Sicherheit schon so mancher Brand im Keime erstickt werden.

Im Laufe der Jahre wurde die Ausrüstung immer wieder modernisiert und den neuen Gefährdungspotentialen angeglichen. Nachdem immer nur von der Berufsfeuerwehr gebrauchte Fahrzeuge im Langerfelder Gerätehaus untergebracht waren, wurde 1991 ein fabrikneues Fahrzeug, ein Löschgruppenfahrzeug 16 von Iveco Magirus, der Einheit übergeben.

Unser erstes fabrikneues LF 16

Die Kosten für das Fahrzeug in der Standardversion betrugen damals 320.000,-DM. Durch großzügige Sachspenden von Langerfelder Händlern und Betrieben konnten damals weitere notwendige Ausrüstungsgegenstände beschafft werden. Klar, daß die festliche Schlüsselübergabe mit einem großen Tag der offenen Tür und einer Ausstellung auf dem Langerfelder Markt gebührend gefeiert wurden. Neben den bereits angesprochenen LF 16 hat die Langerfelder Wehr auch immer Fahrzeuge vom Katastrophenschutz erhalten. Zunächst waren TLF 8 auf Unimog im Einsatz, später dann die berühmten LF 16-TS als Magirus Eckhauber und heutzutage steht ein LF 16-TS auf Iveco Magirus im Gerätehaus.

1997 stand ein weiterer Höhepunkt unserer Geschichte ins Haus. Das neue Gerätehaus "Am Timpen" wurde bezogen. Es ist nunmehr unsere dritte Heimat und bietet Platz für unsere Fahrzeuge und die Kameraden.

Seit 1998 ist es falsch, nur noch von den Langerfelder Feuerwehrmännern zu sprechen. In diesem Jahr nämlich konnten wir zwei Feuerwehrfrauen neu in unseren Reihen begrüßen.

Das befürchtete Computer-Chaos zum Jahreswechsel 2000 blieb glücklicherweise aus und so konnte die dafür angeordnete Alarmbereitschaft auch schnell wieder aufgehoben werden. Ein guter Start in unser Jubiläumsjahr.

Aber nicht nur ein moderner Fuhrpark ist für eine schlagkräftige Feuerwehr wichtig. Vielmehr sind es die Feuerwehrkameraden, die durch unzählige Ausbildungen und Übungen ständig ihre Einsatzbereitschaft erhöhen. Nur mit dem richtigen "Know-How" kann man heutzutage in der hochtechnisierten Welt noch Katastrophen verhindern. Eine sehr gute Ausbildung und modernes Gerät sind letztlich der Garant dafür, daß wir von unseren Einsätzen wieder gesund zurückkehren. Genauso ist natürlich auch die Kameradschaft, und das bedeutet mehr als "geselliges Beisammensein", bei uns ein wichtiger Bestandteil im Leben unserer Feuerwehr.

Steigende Einsatzzahlen und ein breites Spektrum an Einsatzaufgaben erfordern auch heute noch von jedem Feuerwehrmann die ständige Bereitschaft, sich für seine Mitmenschen einzusetzen. Oft müssen persönliche Entbehrungen in Kauf genommen werden. Große Aufgaben werden auch in der Zukunft zu meistern sein. Wir sind uns aber sicher, daß wir der Tradition unserer Vorfahren entsprechend die Herausforderungen annehmen werden und es auch Morgen noch heißt: "Gott zur Ehr`, dem Nächsten zur Wehr!"

Der Stadtteil Langerfeld und seine Geschichte

Der Name "Langerfeld"

Langerfeld wurde erstmalig 1304 urkundlich erwähnt, dürfte jedoch schon zwischen dem 9. und 13. Jahrhundert besiedelt worden sein. Im Jahre 1313 wird ein Gut Grünewald bei "Langervelde" urkundlich erwähnt. Ein Kerstyann (Christian) Langerveld wird 1425 genannt und Goddert Langerfeld (1585-1659) war Bürgermeister in Schwelm (siehe Goddertweg in Langerfeld).

Der Name "Langerfeld" bedeutet "Feld des Landger oder Langer" (Familienname), auch "Landger`s oder Langer`s Feld". Mit dem Grundwort "Feld" wurde ein größeres baumfreies Wiesengelände bezeichnet (so auch Elberfeld, Wupperfeld, Hatzfeld). Von dem Ortsnamen abgeleitet sind die Familiennamen Langefeld, Langenfeld und Langerfeld.

Die Verwaltungsgrenzen des alten Stadtbezirkes Langerfeld verliefen von der Kemna im Süden entlang der Wupper über Rauental zum Grünen Baum, östlich der Klippe in Richtung Höfen zum Beckacker. Im Norden begrenzte Nächstebreck den Langerfelder Bezirk und die östliche Grenze verlief von Jesinghausen über Neuenhof, Steinhauser Berg, Heusiepen zur Kemna. 1922 wurde Langerfeld auf Beschluß des Preußischen Landtages nach Barmen eingemeindet und ging somit von Westfalen zum Rheinland über. Sieben Jahre später wurde Barmen dann wiederum mit Elberfeld zur neuen Stadt Wuppertal vereint. Heutzutage ist Langerfeld ein gewachsener, typischer Ortsteil. Enge Wohnbebauung, teilweise mit Fachwerkhäusern, wechselt sich ab mit Industriebetrieben, Schnellstraßen, Autobahnen und dem Containerterminal der Deutschen Bahn.

Langerfeld heute

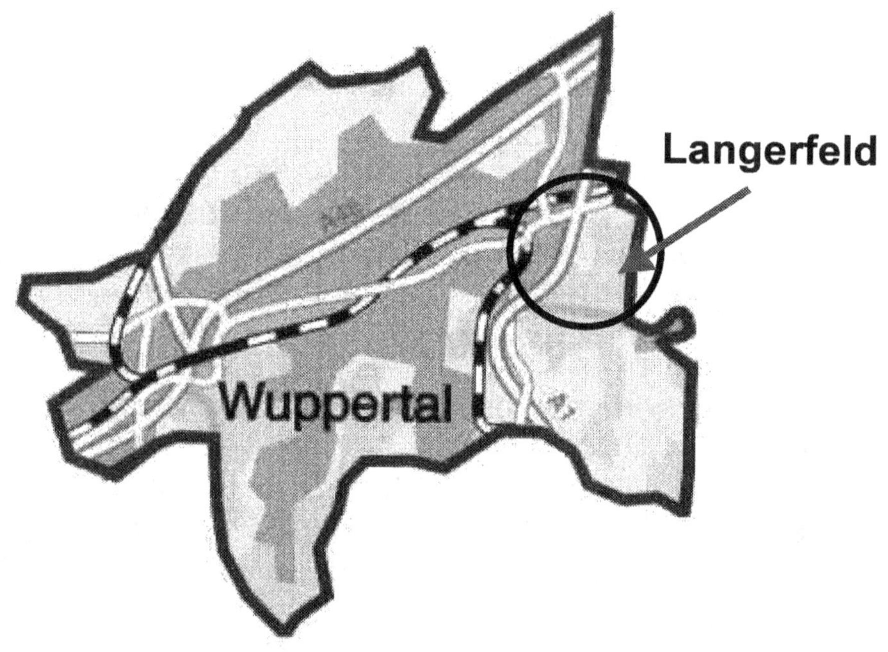

Der Stadtteil Langerfeld in Wuppertal

Fläche: 9,82 km^2

Einwohner: 20.874

                     davon männlich: 10.086 (48,3%)
                          weiblich: 10.788 (51,7%)

Schulen:

        5 Grundschulen
        1 Hauptschule
        1 Gesamtschule

Sport:

     1 Sporthalle
     3 Sportplätze
     5 Turnhallen
     3 Kleinspielfelder
     1 Gartenhallenbad

Kinder & Jugend:

     6 Kindergärten
     6 Kindertagesstätten
   17 Spielflächen
     2 Jugendzentren
     1 Spielplatzhaus

Das Langerfelder Wappen

Das Wappen besteht aus dem Schild, eine bis ins Mittelalter benutzte Schutzwaffe, zugleich auch Ehrenzeichen. Der Schild des Langerfelder Wappens ist gevierteilt und an der oberen linken Seite mit einem Einschnitt versehen. Das den Einschnitt umgebende obere linke Feld ist schwarz.

Das obere rechte Feld enthält auf weißem Untergrund ein Schwungrad, sowohl als Hinweis auf die hiesige Industrie als auch auf ein Wappenzeichen des adligen Herrn von Dobbe (Dobben) zu Lier, einst Besitzer der früheren Wasserburg Haus Rauental.
Auf dem unteren linken Feld des Wappens ist ebenfalls auf weißem Grund ein Garnbündel dargestellt, das auf die Bleicherei und das

Textilgewerbe hinweist, in dem im 18. und 19. Jahrhundert die meisten Langerfelder Familien ihren Lebensunterhalt fanden.

Das untere rechte Viertel des Wappens ist grün. Langerfeld gehörte bis 1922 zu Westfalen. Deshalb enthält das Wappen die alten westfälischen Farben schwarz, weiß und grün.

Der Wappenschild ist von oben links nach unten rechts mit rot-weiß geschachten Schrägbalken der Grafschaft Mark versehen, zu der Langerfeld früher gehörte. Das damalige Amt Langerfeld hat nach der Jahrhundertwende ein Wappen anfertigen lassen, auf dem von einem Adler die Wappen der Gemeinden von Langerfeld und Nächstebreck, die zum Amt gehörten, gehalten werden. Zuvor hatten beide Gemeinden nie ein Wappen besessen. Die Gemeindevertretung hat das Langerfelder Wappen am 25.03.1902 genehmigt. Vermutlich bedingt durch die Ablehnung des Antrages auf Stadterhebung 1912, den 1. Weltkrieg (1914/1918) und die 1922 erfolgte Eingemeindung Langerfelds und Nächstebrecks nach Barmen versäumte es die Gemeinde, das Wappen durch die übergeordneten preußischen Behörden amtlich genehmigen zu lassen.

Die Mannschaft der Feuerwehr Langerfeld im Jubiläumsjahr 2000

Einheitsführung:

Dirk Freudenwald
Hauptbrandmeister
Einheitsführer

Wolfgang Vormstein
Hauptbrandmeister
Stellv. Einheitsführer

Vorstand:

Karl Grünewald
Oberbrandmeister

Joachim van Elsen
Oberbrandmeister

Felix Piasecki
Oberbrandmeister

Jürgen Schmidtberg
Brandmeister

Klaus Heinrichs
Brandmeister

Andree Schiffers
Brandmeister

erweiterter Vorstand:

Marcus Berenberg
Unterbrandmeister

Hartmut Nies
Unterbrandmeister

Carl-Christoph Klünder
Unterbrandmeister

Thomas Halle
Unterbrandmeister

Karsten Storb
Unterbrandmeister

Stefan Klünder
Unterbrandmeister

Jürgen Zimmermann
Unterbrandmeister

Guido Peukert
Unterbrandmeister

Tino Peukert
Unterbrandmeister

<u>**Mannschaftsdienstgrad**</u>

Volker Berg
Oberfeuerwehrmann

Mario Dähler
Oberfeuerwehrmann

Jarno Drees
Oberfeuerwehrmann

Sigfried Gajic
Oberfeuerwehrmann

Patrick Gelbach
Oberfeuerwehrmann

Lucian Kachel
Oberfeuerwehrmann

Wolfgang Leisgen
Oberfeuerwehrmann

Torge Nolzen
Oberfeuerwehrmann

Carsten Schlabach
Oberfeuerwehrmann

Joachim Schwandt
Oberfeuerwehrmann

Carsten Sonnenschein
Oberfeuerwehrmann

Wilfried Storb
Oberfeuerwehrmann

Sascha Busch
Feuerwehrmann

Sascha Jovanovic
Feuerwehrmann

Björn Lange
Feuerwehrmann

Björn Munko
Feuerwehrmann

Thomas Okunneck
Feuerwehrmann

Jan Raschick
Feuerwehrmann

Carsten Scherbarth
Feuerwehrmann

Martin Schneider
Feuerwehrmann

Michael Giebel
FM-Anwärter

Mario Marcus
FM-Anwärter

Miriam Pohlmann
FM-Anwärterin

Heiko Weidner
FM-Anwärter

<u>**Alters- und
Ehrenabteilung:**</u>

Alfred Scherken
Oberbrandmeister

Helmut Langhanki
Brandmeister

Wilhelm Eckhoff
Oberbrandmeister

Karl-Heinz Harke
Unterbrandmeister

Udo Hagemann
Oberfeuerwehrmann

Friedrich Oberhoff
Unterbrandmeister

Alfred Twardowski
passives Mitglied

Ein Großteil der aktiven Wehr ist auf dem
Langerfelder Markt angetreten

Unsere Feuerwachen in Langerfeld

In 125 Jahren hat es in Langerfeld drei Standorte für
Feuerwehrgerätehäuser gegeben. Nach der Gründung von 1875
sollte es noch 20 Jahre dauern bis 1895 der Grundstein für ein
Gerätehaus mit Steigerturm "In der Fleute" (heute Ecke
Mecklenburgstraße) gelegt wurde. Von den Langerfeldern wurde es
liebevoll "Steigertürmken" genannt.

Gerätehaus "In der Fleute" mit LF 16 in den 60er Jahren

1967 zog unsere Einheit dann an den neuen Standort in der "Wilhelm-Hedtmann-Str. 22". 30 Jahre war dieses Gerätehaus für uns Heimat.

Gerätehaus "Wilhelm-Hedtmann-Straße" in den 70er Jahren
mit LF 16 und TLF8

Gerätehaus "Wilhelm-Hedtmann-Straße" in den 90er Jahren
mit LF16 und LF16-TS

Seit 1997 sind wir nun "Am Timpen 44" in einer modernen Wache untergebracht. Schon Anfang der neunziger Jahre war über einen Neubau spekuliert worden. Aber die angespannte Haushaltslage der Stadt Wuppertal führte zu ständigen Vertröstungen. Umso erfreuter waren wir natürlich, als dann vor drei Jahren der Umzug in unser neues Domizil anstand.

Am neuen Standort sind nun die Löscheinheiten Ehrenberg mit einem TLF 8/18, Langerfeld mit einem MTW, LF 16 und LF 16-TS sowie die Jugendfeuerwehr beider Einheiten zusammengeführt.

neue Wache "Am Timpen" mit MTW, LF 16-TS, LF 16 und TLF 8/18

Neben der dreiachsigen Fahrzeughalle mit angeschlossenen Umkleide- und Spindraum, sind drei Sozialräume für die drei Einheiten, eine Küche, moderne WC- und Toilettenanlagen sowie ein Büro für die Einheitsführung vorhanden.

Der Heilige St. Florian schmückt die Giebelfront des Gerätehauses. Gestiftet wurde dieser anläßlich der Einweihung der neuen Wache vom bekannten Langerfelder Malermeister und Künstler Friedrich Paul.

Gemeinschaftsraum der Langerfelder Einheit

Von der Handdruckspritze zum modernen Löschfahrzeug

Wenn man eine 125 jährige Geschichte aufweisen kann, ist es schwierig, alle Einsatzfahrzeuge in dieser Zeit zu dokumentieren. Problematisch wird es bei der geschichtlichen Aufbereitung in den Gründungsjahren. Ob untenstehende Handdruckspritze sich schon 1875 im Langerfelder Besitz befand, kann nicht mehr eindeutig dokumentiert werden. Diese ist aber noch heutzutage erhalten und steht bei der Berufsfeuerwehr Wuppertal. Mit Stolz werden wir diese natürlich auch auf unserem Festumzug präsentieren.

Unser Einsatzfahrzeug vor 100 Jahren

… frühere Form eines Fitness-Studios

LF 16 Magirus Deutz

Das LF 16 Magirus Deutz (amtl. Kennzeichen W-243) in den 70er Jahren in der Wilhelm-Hedtmann-Straße. Das Löschgruppenfahrzeug 16 war bis 1982 bei der Langerfelder Wehr eingesetzt.

W-280: LF 16 Magirus Deutz 170 in den 80er Jahren

Dieses Fahrzeug wurde 1975 für die Berufsfeuerwehr Wuppertal gebaut. Von 1983 bis 1991 stand es dann in Diensten der Feuerwehr Langerfeld.

W-8031: TLF 8 Unimog 404 S in den 80er Jahren

Als Tanklöschfahrzeug des Katastrophenschutzes war dieser "Tanker" in den 70er und 80er Jahren in Langerfeld beheimatet. In dieser Zeit wurde leihweise bzw. als Ersatz auch ein sogenannter Hilfsrüstwagen (HRW), W-8039 auch auf Unimog 404 S, eingesetzt.

W-8082: LF 16-TS Magirus Deutz Mercur in den 80er Jahren

Nachdem die Ära der TLF 8 zu Ende ging, erhielten wir als Ersatz aus dem Fahrzeugpool der Katastrophenschutzfahrzeuge dieses LF 16-TS. Diese Fahrzeuge waren äußerst robust und waren lange Zeit die "Arbeitstiere" von freiwilligen Feuerwehren. Diese wurden als LF

16, LF 16-TS, TLF 16 und SW 2000 gebaut. Beim THW finden sich derartige Fahrzeuge auch als Gerätekraftwagen (GKW). Unser Fahrzeug konnte leider aufgrund der zu kleinen Fahrzeughalle nicht im Gerätehaus untergestellt werden. Ein angrenzender Parkplatz im Freien mußte also ausreichen.

Die beiden Löschgruppenfahrzeuge LF 16 und LF 16-TS bilden heute das Rückgrat unserer Einheit. Mit zwei Löschgruppen (eine Gruppe = 1 Gruppenführer und 8 Feuerwehrmänner/-frauen) und der mitgeführten Ausrüstung ist es möglich, vom Schadenfeuer bis zur technischen Hilfeleistung ein weites Spektrum abzudecken. Das LF 16 wurde 1991 fabrikneu beschafft. Es ist ein Iveco Magirus 120-23. Das LF 16-TS ist als Iveco Magirus 90-16 ausgeführt und wurde 1987 als Katastrophenschutzfahrzeug beschafft. Unser Mannschaftstransportwagen (MTW) ist ein Mercedes 309 D von 1987. Des weiteren steht im Gerätehaus ein TLF 8/18 auf Iveco Magirus. Dieses Fahrzeug wurde 1990 gebaut und wird von der Löscheinheit Ehrenberg eingesetzt.

Eine schlagkräftige Einheit
die Löschgruppenfahrzeuge LF 16 und LF 16-TS

Unser LF 16 - das Rückgrat der Langerfelder Wehr

Größere Einsätze in Langerfeld

Schadenfeuer bei Akzo

Zwei Großbrände auf dem Akzo-Gelände (früher Bemberg) hielten die Feuerwehr in den letzten Jahren in Atem. Am 14. November 1989 um 9.20h brannte einer der sieben Hochtanks, in denen Abwasser aus der Produktion aufgefangen und regeneriert wurden. Vor allem Salze wurden daraus wiederverwendet.

Der besagte Tank war aufgrund von Wartungsarbeiten leer und sollte eine neue Gummi-Isolierung erhalten. Die genaue Brandursache konnte nicht exakt geklärt werden, hing aber unmittelbar mit den Isolierarbeiten zusammen. 100.000 DM Sachschaden war zu verzeichnen. Eine Gefährdung für die Bevölkerung und für die Wupper hatte aber zu keiner Zeit bestanden.

Der zweite Großbrand bei Akzo ereignete sich am 24. März 1996. Nachdem zunächst ein Melderalarm an diesem Tag die Kameraden ins Gerätehaus rief, brach kurz vor 12.00 Uhr ein Brand in der 3. Etage in einer Produktionshalle bei Akzo aus, in der Kunststoff-Membrane für künstliche Lungen hergestellt wurden.

Ein massiver Löschangriff führte 14.36 Uhr zum Erfolg: "Feuer unter Kontrolle!" konnte daraufhin gemeldet werden. Bis das Feuer aber letztlich aus und die Aufräumarbeiten abgeschlossen waren, sollten noch Stunden vergehen. Der Schaden belief sich auf über eine Million DM. Eine weggeworfene Zigarette war der Auslöser dieser Beinahe-Katastrophe.

Das Ausmaß des Brandes wird sichtbar

Brand in einer Garngroßhandlung

16.8.1989, 6.13 Uhr in der Schwelmer Straße: eine Garngroßhandlung steht in voller Ausdehnung in Flammen. Problematisch beim Löscheinsatz war, daß die Halle in einem Hinterhof mit dichter Bebauung lag. Um 7.10 Uhr stürzte dann auch noch eine Giebelwand ein. Mehrere Feuerwehrmänner konnten erst in letzter Sekunde ins Freie springen. Die mehr als 100 Feuerwehrleute konnten aber letztlich einen Schaden von 1,5 Millionen DM nicht verhindern.

Ein Bild der Verwüstung

Am Nachmittag desselben Tages zog dann ein Unwetter über Wuppertal. Wieder liefen die Piepser der Langerfelder Feuerwehr. Nachdem es morgens "heiß" zuging, war der Nachmittag dagegen sehr "naß". Die Kanalisation lief über, Keller und Unterführungen wurden überflutet, Straßen verwandelten sich in reißende Bäche. Einige Wege mußten sogar aufgrund umgestürzter Bäume gesperrt werden. 155 Einsätze in vier Stunden meisterte die Feuerwehr.

25 Anwohner evakuiert und 23 Löschfahrzeuge im Einsatz

Am 7. Februar 1986 um 1.37 Uhr entdeckte eine Polizeistreife ein Feuer in der Langerfelder Straße. Breits in der Nacht zum Dienstag hatte jemand versucht, diese Häuser in Brand zu setzen. Innerhalb kürzester Zeit rückten 23 Fahrzeuge der Freiwilligen Feuerwehren Langerfeld, Ehrenberg, Hahnerberg und Dönberg aus. Die Blauröcke fanden das mittlere Gebäude (alle drei standen leer) in voller Ausdehnung brennend vor. Mit sechs C- und zwei B-Rohren gingen die Wehrmänner dem Feuer zuleibe. An dem Fachwerkbau fanden die Flammen gute Nahrung, so daß sich die Löscharbeiten über Stunden hinzogen.

Nichts mehr zu retten

Um 2.18 Uhr wurden die Nachbarhäuser evakuiert. Die Wohnung eines 82jährigen mußte die Polizei aufbrechen, weil er die Helfer nicht gehört hatte. Eine spezielle Einheit der Feuerwehr versorgte die aus dem Schlaf gerissenen Bürger mit Tee. Bis 4 Uhr wurden 25 Anwohner zunächst in Streifenwagen, dann in der Polizeiwache untergebracht. Erst um 3 Uhr hatte die Feuerwehr den Brand unter Kontrolle. Nach weiteren zwei Stunden meldete die Wehr: „Feuer aus". Bis 8.37 Uhr war eine Brandwache mit Nachlöscharbeiten beschäftigt. Die Kriminalpolizei sprach von eindeutiger Brandstiftung, weil keine Versorgungsleitungen im Haus mehr angeschlossen waren.

Brennt Supermarkt in Wittener Straße in Nächstebreck

Der Kampf gegen dichte Rauchwolken

Am 22. April 2000 gegen 17.30 Uhr stiegen schwarze Rauchwolken über Nächstebreck auf. Nicht das traditionelle Osterfeuer hielt die Feuerwehr in Atem, sondern ein in voller Ausdehnung brennender Supermarkt. Nachdem die Flammen sich den Weg durch die Zwischendecke gesucht hatten, gab es für den Supermarkt keine Rettung mehr. Auch wenn unmittelbare Anwohner über Reizung der Atemwege klagten, blieben glücklicherweise weitere Verletzungen aus. Ein massives Feuerwehraufgebot beider Berufsfeuerwachen, der Werkfeuerwehr Bayer AG, sowie die freiwilligen Einheiten aus Nächstebreck, Ronsdorf, Hahnerberg, Dönberg und Langerfeld führte letztlich zum erhofften Erfolg. Die Nachlöscharbeiten zogen sich noch bis Mitternacht hin. Der Sachschaden wird auf 800.0000,- DM geschätzt.

Erstangriff des Langerfelder LF 16

Einsatzstatistik

Die Entwicklung der Einsatzzahlen in den 90er Jahren zeigt ein eindeutiges Bild: die Langerfelder Feuerwehr wird zunehmend mehr gefordert. Dies resultiert zum einen aus dem immer größer werdenden Spektrum an Einsatzaufgaben. Schadenfeuer machen heutzutage nur noch ein Drittel der gesamten Einsätze der Langerfelder Wehr aus. Technische Hilfeleistung spielt eine immer wichtigere Rolle. Es geht fast soweit, daß der Begriff "Feuerwehr" nicht mehr zeitgemäß scheint. "Rettungswehr" ist bei den unterschiedlichen Einsatzarten fast treffender.

Der andere Grund für den Anstieg der Einsatzzahlen unserer Wehr ist mit Sicherheit auch die angespannte Haushaltssituation der Stadt. Eine Berufsfeuerwehr ist ein großer Kostenblock im Haushalt. Freiwillige sind hier vorübergehend billiger; d.h., man setzt verstärkt auf freiwillige Kräfte. Letztlich besteht aber durch diese Vorgehensweise die Gefahr, daß freiwillige und Berufs-feuerwehrleute überstrapaziert werden. Bei dem Gefahrenpotential heutzutage eine gefährliche Entwicklung.

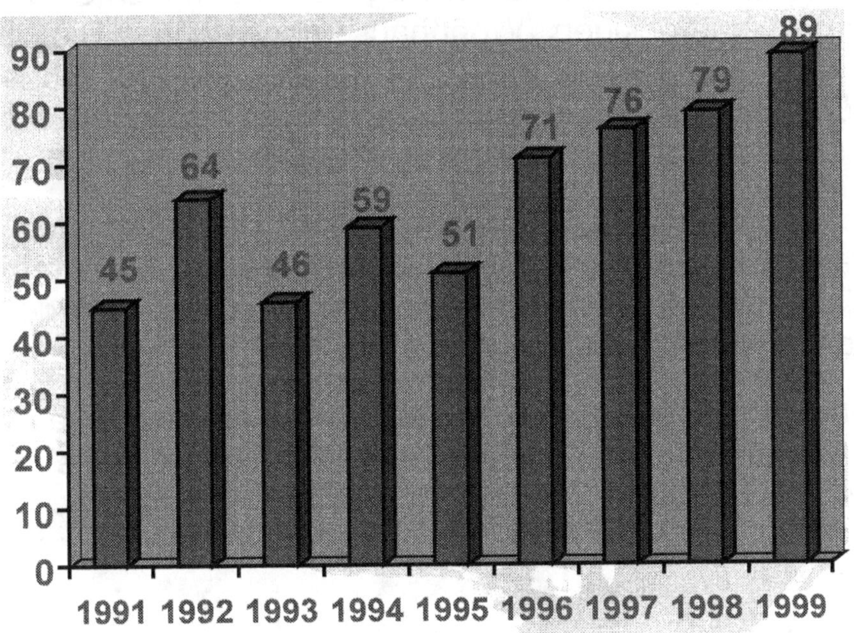

Entwicklung der Einsätze in den 90er Jahren

Die Gemeinde Mittenwalde ist vor den südlichen Toren Berlins in Brandenburg gelegen.

Ein geschichtlicher Überblick:

In Folge des wirtschaftlichen Aufschwungs und einer raschen Bautätigkeit gegen Ende des 19. Jahrhunderts machte sich das Fehlen einer sachkundigen Löschhilfe bemerkbar. Die alten Löscheimer und der Feuerhaken waren zum Löschen eines Brandes in einem mehrstöckigen Wohnhaus ungeeignet. Die veralteten Geräte, die mangelnden Kenntnisse der Feuerlöschtaktik, sowie die Ausbildung der zur Bedienung zusammenkommende Leute mußte verbessert werden.

So bildete sich im Kreis Teltow am 4. März 1876 die erste Freiwillige Feuerwehr in Köpenik. Im Jahre 1877 wurde der Brandenburgische Provinzial-Feuerwehrverband gegründet. In den folgenden Jahren entstanden weitere freiwilligen Feuerwehren.

Ende November 1898 führte der Mittenwalder Bürgermeister Dauer eine Versammlung durch, die das Ziel hatte, eine Freiwillige Feuerwehr zu gründen. Am 4. März 1899 wurde die Freiwillige Feuerwehr Mittenwalde dann gegründet. Die Pflichtfeuerwehr blieb bestehen.

Der Mittenwalder Wehr gehörten am 1.Januar 1901 insgesamt 30 Kameraden an. Die Unterverbandstage des Kreises Teltow wurden mehrfach in Mittenwalde abgehalten; das erste Mal am 17. Mai 1903. Die Freiwillige Feuerwehr beteiligte sich auch bei Veranstaltungen der Stadt, wie z.B. der Einweihung des Kaiser Friedrich - Denkmals am 10. Mai 1903 oder des 40-jährigen Jubiläums des Männerturnvereins am 29. August 1903. Dies geht aus dem Protokollbuch des Feuerwehr hervor. In den Statistischen Mitteilungen der Wehren des Brandenburgischen Provinzial-Feuerwehrverbandes vom 1. Juli 1905 ist über Mittenwalde nachzulesen:

Aktive Mannschaft: 25, davon 5 Führer
Löschmaschinen: 1 Wagenspritze, 1 Wasserwagen
Länge der Schläuche: 250 m
3 Einschlagleitern, 2 Dachleitern

Am 7.Auguste 1909 konnte man bereits das 10-jährige Stiftungsfest der Feuerwehr feiern. Das Fest wurde im Lokal Karlapp mit Theateraufführung, Kaffeetafel und Ball groß gefeiert.

Die Ankunft der von der Stadt am 20. Juli 1928 gekauften Motorspritze wurde zu einem Ereignis, an das sich fast die gesamte Einwohnerschaft beteiligte.

Im Protokoll einer außerordentlichen Generalversammlung vom 01.02.1933 wird erwähnt, daß der angeschaffte Mannschaftswagen 400 Reichsmark gekostet hat und man den Kauf neuer Gasschutzmasken beschloß. Am 4.September 1934 gründete sich mit einer neuen Satzung im Restaurant Bergmann der Verein „Freiwillige Feuerwehr Mittenwalde/Mark", Angehörige aus der SA oder SS mußten laut Verfügung aus der Feuerwehr ausscheiden. Durch die Verlegung einer Wasserleitung in der Stadt im Jahre 1935 wurden Hydranten zur Feuerbekämpfung installiert. Die Wehr erhielt 1937 Stahlhelme. Von den Bückerwerke Rangsdorf erhielt die Feuerwehr 1939 ein Dankschreiben für den Einsatz beim Großfeuer. Die Wiederbeschaffung eines Mannschaftswagens wird angeregt. Im Juni 1939 enden vorerst die Eintragungen im Protokollbuch der Feuerwehr.

Fortgeführt wurden die Eintragungen dann am 11.April 1947, als der Wehrführer Bockisch im Lokal Neumann den Jahresbericht verlas. Er konnte feststellen, daß der Neuaufbau der Wehr mit 27 Kameraden erfolgte und durch die verhältnismäßig gute gerätemäßige Ausrüstung die Einsätze ordnungsgemäß durchgeführt wurden. Im Januar 1956 beschlossen die Kameraden im Nationalen Aufbauprogramm das Depot zu renovieren, das Dach umzudecken und im Steigerturm den Fußboden zu pflastern. „ Da zur Zeit kein Saal in Ordnung ist, bleibt die Frage des Stiftungsfestes offen"- so wurde es im Januar 1963 im Protokoll vermerkt. Im Jahresbericht

1965 wurde stolz verkündet, daß die neue Technik Einzug gehalten hat und ein neues Löschfahrzeug zur Verfügung steht. Bei einem Sturm am 13.November 1972 wurde der Schlauchtrockenturm umgerissen. Dieser wurde 1975 zwar wieder aufgebaut, letztlich aber 1996 endgültig abgerissen.

Das neue Feuerwehrdepot der Freiwilligen Feuerwehr wurde am Samstag, den 8.April 1995, feierlich eingeweiht. Im Jahre 1995 sah die Statistik folgendermaßen aus:

Die Wehr zählte 26 Kameraden sowie 20 Mitglieder der Jungendfeuerwehr.

Vorhandene Technik 1995:
- ein Mercedes Löschgruppenfahrzeug LF 8/6
- ein Mercedes Drehleiterfahrzeug mit Korb DLK 23-12
- ein W50 Tanklöschfahrzeug TLF 16
- ein VW Tragkraftspritzenfahrzeug TSF

Am 28 Juni 1997 wurde die neue blaurote Fahne geweiht.

Die Langerfelder Feuerwehr zu Besuch bei den Kameraden
in Mittenwalde anläßlich der Fahnenweihe

Siebte Jugendfeuerwehr im Tal gegründet

So lautete die Überschrift des Berichtes in der WZ vom 13.07.1987. Was war passiert? Ein Tag vorher, am 12.07.1987 wurde die siebte Jugendfeuerwehr (JF) in Wuppertal als "Jugendfeuerwehr Nord-Ost" gegründet. 12 Gründungsmitglieder hatte die neue Gruppe, von denen einige noch heute in den aktiven Einheiten sind. Die Gründungsmitglieder kamen aus den Stadtbezirken Ehrenberg, Langerfeld und Nächstebreck. Nach mehrfachen Umbenennungen heißt sie heute "JF E.Lan." Die Nächstebrecker gründeten aufgrund des großen Zuspruchs im April 1999 eine eigene JF.

die Gründungsmitglieder von 1987

Die Jugendfeuerwehr führte bis heute sehr viele Aktionen wie Zeltlager, Fahrten (wie z.B. nach Berlin), Wupperreinigungen oder Sommerfreizeiten durch. Der Dienst der JF besteht aus 50% Feuerwehrdienst und 50% Jugendarbeit. Im Mai 1997 bekam die JF und die aktiven Einheiten Ehrenberg und Langerfeld im Stadtteil Langerfeld ein neues Gerätehaus. Leider sind die Übungsbedingungen hier nicht so ideal wie in der alten Unterkunft in der Schule Ehrenberg. Auch können wir unser „Schätzchen" am neuen Standort nicht mehr einsetzen. Unser „Schätzchen" ist ein alter Trecker mit einem Tragkraftspritzenanhänger (TSA), den die Jugendgruppe selbst in den Sommerferien restauriert hat. Da aber der Trecker auf dem Ehrenberg steht, und die Fahrt vom neuen Standort dorthin recht weit ist, ist der „Einsatz" mit dem TSA für die Jugendgruppe leider nicht mehr gegeben. Dafür übt die JF mit den Feuerwehrfahrzeugen der aktiven Einheiten.

Jugendfeuerwehrmänner mit historischen Feuerwehrkameraden

Bei der Eröffnung der neuen Feuerwache "Am Timpen" 1997 übernahm die Jugendgruppe eine Patenschaft für ein Waisenhaus in der Ukraine. In Anwesenheit des Botschafters der Ukraine wurde die Urkunde übergeben. Die Jugendlichen sammeln Sachspenden wie Kleidung oder Spielzeug. Regelmäßig werden diese dann mit einem Konvoi zum Waisenhaus in die Ukraine gebracht.

Des weiteren haben fast alle Mitglieder der Jugendgruppe die Leistungsspange der Jugendfeuerwehr erworben. Hierzu müssen feuerwehrtechnische Übungen und theoretisches Wissen erbracht werden. Zusätzlich sind sportliche Aufgaben zu bewältigen. Bewertet wird immer die ganze Gruppe, und nicht der Einzelne. Bisher fuhr die Gruppe immer mit bestandener Prüfung zurück. Das dies auch in Zukunft so bleibt, ist nicht zuletzt ein großer Verdienst derjenigen aktiven Kameraden, die sich intensiv um die Jugendfeuerwehr kümmern.

Zusammen läuft`s

Die Feuerwehr Langerfeld im Internet

Während heutzutage Homepages und Webseiten im Internet (http://www.) oder eine E-Mail-Adresse (z.B. firedept21@aol.com) nichts Besonderes mehr darstellen, war dies vor fünf Jahren noch ganz anders. Weltweit gab es "nur" einige Millionen Seiten im Internet. Im Jahre 2000 sind es schon mehr als eine Milliarde Einzelseiten und aus dem einstigen militärischen Computer-Netzwerk wurden bis jetzt 6,5 Millionen Serverrechner. Jeden Tag kommen 2 Millionen (!) Web-Seiten und 147.000 Internetanwender weltweit dazu. Bis zum Jahr 2010 wird jeder 2. Bundesbürger einen Internetanschluß besitzen. Die weltweite Vernetzung wird unser Leben zunehmend beeinflussen und bestimmen. Auch städtische Einrichtungen, so beispielsweise Feuerwehren, können sich diesem Trend letztlich nicht entziehen.

Die Feuerwehr Langerfeld hat schon früh die Nutzungsmöglichkeiten des Internets erkannt. Bereits 1995 gab es erste Überlegungen im Arbeitskreis Öffentlichkeitsarbeit, eine eigene "Homepage" (Leitseite) zu gestalten. Von der Idee bis zu ersten Konzeptionen ist es bekanntlich ein langer Weg. So auch bei uns in Langerfeld. Welche Inhalte sollen präsentiert werden, wie sieht unsere Zielgruppe aus, wie kann man die Ideen technisch umsetzen? All dies waren Fragen, die es zu lösen galt.

Im Frühjahr 1996 wurde es dann ernst. Über das US-amerikanische „Fire-EMS.net" war es möglich, Informationen über die eigene Feuerwehr-Einheit in einer standardisierten Form online zu schalten. Auch wenn wir durch das Standard-Format kreativ eingeschränkt wurden, so war es dennoch ein erster Schritt in die Zukunft. Generelle Informationen über unsere Einheit sowie über das Gerätehaus, die Fahrzeuge und das Personal führten bald dazu, daß wir E-Mails aus allen Teilen der Welt bekamen. Oft meldeten sich kleinere Feuerwehren, die Ärmelabzeichen („patches") tauschen wollten, oder aber auch Feuerwehren aus Dritte-Welt-Staaten, die generelle Informationen und Prospekte über Feuerwehrfahrzeuge haben wollten. Glücklicherweise fanden wir bei der Presseabteilung von Daimler Benz immer ein offenes Ohr und ausreichend Unterstützung. Und wer weiß, ob nicht durch unsere Mithilfe schon Feuerwehrfahrzeuge in diese Staaten verkauft wurden.

Mit der von Jahr zu Jahr steigenden Internet-Euphorie wurden natürlich auch unsere Ansprüche an die eigene Homepage größer. Es galt aber zunächst die Frage zu klären, ob wir bei einer selber erstellten Seite nicht von der englischen Sprache wieder auf unsere Muttersprache Deutsch wechseln sollten. Um noch stärker örtliche Öffentlichkeitsarbeit übers Internet zu betreiben, wäre das sicher ein guter Weg. Aber sollten wir auf die Kontakte in die Welt verzichten? Die Antwort war: nein. Es blieb also bei Englisch, schließlich ist das die Sprache des Internets und wird in der Regel von jedem Nutzer verstanden. Hinzu kommt, daß wir als inoffizielle Homepage nur eine Ergänzung darstellen können und somit die Freiheit nutzen, die weltweite Kommunikation zu übernehmen.

Aber auch die Stadt Wuppertal war in der Zwischenzeit nicht tatenlos. Eine Projektgruppe bildete sich sehr schnell und eine tolle, offizielle Homepage der Feuerwehr Wuppertal in deutscher Sprache (http://www.wuppertal.de/feuerwehr) wurde geschaffen.

1997 war ein weiterer wichtiger Abschnitt für uns. Durch die Möglichkeit bei einem Provider pro Benutzer 10 MB Speicherplatz für eine Homepage zu bekommen, gingen unsere Planungen in eine neue Runde. Ziel sollte es sein, noch mehr Hintergrundinformationen zu unserer Einheit zu publizieren. So sollte unsere lange Geschichte seit 1875 aufgezeigt werden. Natürlich durfte auch ein Kapitel zur Einsatzstatistik nicht fehlen. Aber was wäre eine interessante Homepage ohne Bilder? Mit 10 MB war genügend Freiraum, unsere Fahrzeuge, die Gerätehäuser (von früher und heute) und Einsätze zu dokumentieren.

Das Jahr 1998 war ein weiterer Meilenstein. Um letztlich auch schnell im Internet gefunden zu werden, brauchten wir noch einen kurzen, prägnanten „ .de"-Namen (Domain). Bei einem Anbieter wurden wir dann auch schnell fündig. In den großen Suchmaschinen wie Yahoo oder Lycos sind wir so weltweit in Sekunden zu finden (www.langerfeld-fire.de und www.feuerwehr-langerfeld.de).

Zu unserem diesjährigen 125-jährigen Jubiläum waren wir natürlich wieder aufgefordert, auch unsere Homepage für das große Ereignis vorzubereiten. Um den gestiegenen Anforderungen im Netz zu begegnen, haben wir die Homepage von Grund auf überarbeitet. Die bereits genannten Inhalte wurden noch durch viele Rubriken ergänzt. Unsere Aktivitäten im Bereich der Brandschutzerziehung in Kindergärten und Schulen können nun umfangreich dokumentiert werden. Aber auch ein Blick zur Wuppertaler Berufsfeuerwehr, das amerikanische Feuerwehr-Gebet „Fireman`s Prayer" oder die Abzeichen aller Wuppertaler Feuerwehren sind nun abrufbar. Klar, daß nun auch Musik, Sirenen bzw. Martinshorn und animierte Bilder das Lesen der Homepage zu einem Erlebnis machen. Ein Highlight mit Sicherheit auch die Links zu anderen Feuerwehren in der Welt, die wie wir auch eine Wache 21 haben.

Aber dieser Bericht kann die "virtuelle Welt" unserer Langerfelder Wehr natürlich nicht ersetzen. Seien Sie also herzlich eingeladen, die Feuerwehr Langerfeld im Internet zu erleben:

http://www.feuerwehr-langerfeld.de

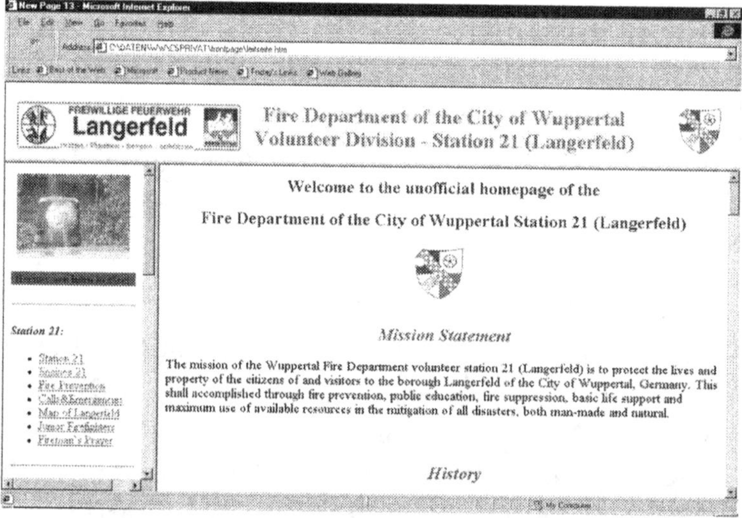

Brände vermeiden - unsere Brandschutzerziehung in Kindergärten und Grundschulen

Vor etwa 10 Jahren hat man sich seitens der Berufsfeuerwehr Gedanken über den vorbeugenden Brandschutz gemacht. Durch die immer dünner werdende Personaldecke bei den BF konnte die Brandschutzerziehung in Kindergärten und Schulen nicht mehr in ausreichendem Maße durchgeführt werden. In dieser Situation kam man zu dem Schluß, Kräfte der Freiwilligen Feuerwehr hier mit einzubeziehen. Die einzelnen Einheiten wurden angeschrieben, ob an dieser Arbeit Interesse bestünde, und auf freiwilliger Basis eine Mitarbeit möglich sei.

Brandschutzerziehung kann nicht früh genug beginnen

Auch die Einheit Langerfeld war hierzu bereit. Als Männer der ersten Stunde waren die Kameraden Ulrich Luckhaus, Carsten Schlabach, Joachim van Elsen und Stefan Klünder beim ersten Informationstag auf der Wache1 dabei. Wir bekamen einiges Material an die Hand, sowie eine Einweisung, wie ein Unterricht zu gestalten sei. Von diesem Zeitpunkt an hat die Löscheinheit Langerfeld regelmäßig Unterricht in Kindergärten und Grundschulen abgehalten. Zuerst waren es nur Einrichtungen in unserer unmittelbaren Umgebung, aber inzwischen kommen auch entferntere Kindergärten zu uns.

Dem Kindergarten Laaken wird erklärt, wo die Feuerwehr
Wasser herbekommt.

Zu den Kameraden der ersten Stunde kamen nun noch die Kameraden Karl Grünewald, Martin Schneider, Carsten Sonnenschein und Christoph Klünder dazu, die diese Arbeit mit tragen. Je nach Alter der Kinder (Vorschule, Kindergarten, Grundschule) wird der Unterricht gestaltet. Es beginnt mit einem Frage- und Antwortspiel über die Arbeit der Feuerwehr. Dann stellen wir unsere Einheit und ihre Aufgaben vor. Sodann erklären wir, wie man sich in einem Brandfall verhält und wie man die Feuerwehr bei Gefahr alarmiert. Auch der Umgang mit Feuer (Streichhölzer zum Anzünden einer Kerze etc.) wird den Kinder beigebracht. In praktischen Versuchen wird gezeigt, wie sich verschiedene Materialien im Brandfall verhalten, und was man beim Löschen beachten muß.

Auch der Gebrauch von Feuerlöschern zum Bekämpfen von Entstehungsbränden wird den Jugendlichen erklärt. Zum Schluß werden dann alle Fahrzeuge und Geräte vorgestellt, wobei die Jugendlichen Gelegenheit haben, einen Eindruck zu bekommen, wie schwer die Arbeit der Feuerwehrmänner ist.

Vor einem Jahr haben wir einen Brandschutz-Koffer mit Inhalt von "Brillen Büchner" gestiftet bekommen, so daß unser Unterricht noch effektiver gestaltet werden konnte. Die Resonanz bei Kindern, Schülern und Erziehern, die bei uns zu Gast waren, ist sehr groß und viele Einrichtungen sind bei uns mittlerweile schon "Stammkunden".

Ein Teil des Teams der Brandschutzerziehung
mit dem Brandschutzkoffer

An dieser Stelle gilt es auch einmal danke zu sagen, bei den Kameraden, die bei der Brandschutz-Erziehung mitmachen. Ziel unserer Arbeit ist es, daß in den entsprechenden Einrichtungen keine Brände und Schadensfälle auftreten. Wenn es dann aber doch einmal geschehen sollte, so sind die von uns unterwiesenen Erzieher und Lehrer in der Lage, die entsprechenden Evakuierungsmaßnahmen durchzuführen.

Brandschutzkoffer im Einsatz:
Absetzen eines Notrufes wird geübt

Unser Fest zum 125 jährigen Jubiläum

"Geschafft!" - Diesen Ausspruch haben wahrscheinlich alle Kameraden am Sonntag abend nach den Festlichkeiten getan. Nach drei tollen, aber auch sehr anstrengenden Tagen mit wenig Schlaf und viel "Schaffe" ist dieser Spruch aber nicht ohne Stolz. Aber der Reihe nach:

Bereits Anfang der 90er Jahre begann die erste Grobplanung. Fest stand, daß unser 120 jähriges Jubiläum 1995 nicht besonders gefeiert werden sollte, dafür aber dann in 2000.

Nach unzähligen Stunden, ja fast Tagen der Diskussionen und Vorüberlegungen war es dann am 13. Oktober 2000 endlich soweit. Gegen 19.00h brannten die ersten Fackeln vor dem festlich geschmückten Gerätehaus und wiesen den Ehrengästen den Weg. Im Vorzelt wurde jeder persönlich begrüßt und ins "goldene Buch" verewigt. Der Festakt selber wurde dann von unserem Einheitsführer Dirk Freudenwald eröffnet. Es folgten weitere Festansprachen von Herrn Vize-Regierungspräsident Riesterbeck, Herrn Oberbürgermeister Dr. Kremendahl, Herrn Schirmherr Bürgermeister a.D. Richter, Herrn Leitenden Branddirektor Blätte, Herrn Vorsitzenden des Bürgerverein Langerfeld Neveling, Herrn Vorsitzenden der Bezirksvertretung Langerfeld und natürlich den Kameraden unserer Partnerwehr Mittenwalde. Während der Einsatzhelm des Chicago Fire Department, den wir vom Bürgerverein erhielten, bereits ein Highlight war, waren wir um so mehr überrascht und erfreut, eine maßstabsgetreue Nachbildung des Mittenwalder Stadttores zu erhalten. Viele Stunden an akribischer Arbeit steckten dahinter. Toll! Es schlossen sich Beförderungen und Ehrungen an. Eine sollte man hier besonders anführen. 35 Dienstjahre im Ehrenamt von Dirk Freudenwald verdienen Respekt und Anerkennung.

"Schnell wie die Feuerwehr" haben wir nach dem offiziellen Teil die Fahrzeughalle in Partyatmosphäre verwandelt. Die fetzige Musik der Band veranlaßte so manchen zum Tänzchen. Noch in der Nacht wurde mit dem Aufräumen begonnen. Am nächsten Morgen wurde dies fortgesetzt und das CVJM-Heim auf dem Hedtberg für den Festabend hergerichtet.

Gegen 19.00h öffneten sich auch hier wieder die Pforten und aus den Feuerwehrmännern und -frauen der Langerfelder Wehr wurden Kassierer, Zapfer, Barmixer oder Kellner. Pfiffige Musik, leckeres Essen, kühles Bier, eine tolle Tombola und natürlich der grandiose Bauchredner ("Na klar!") machten den Abend zu einer "runden Sache". Das Abschluß-Feuerwerk bewies, welche schönen Seiten Feuer auch haben kann.

Auch hier hieß es in der Nacht wieder Abbauen. Der Sonntag sollte der krönende Abschluß unseres Jubiläums werden. Nachdem das Gerätehaus wieder in vollem Glanz strahlte, marschierte die Langerfelder Wehr zur alten Langerfelder Kirche am Markt. Die Pastorin hatte extra einen Festgottesdienst organisiert, bei dem auch unser Kamerad van Elsen einige Gedanken zu unserer Einheit kundtat. Mit dem göttlichen Beistand zogen wir dann wieder aus der Kirche zum Gerätehaus.

Hier hatten sich schon viele Festgäste, befreundete Einheiten und Bürger Wuppertals eingefunden. Der Festzug setzte sich mit der Langerfelder Einheit an der Spitze in Bewegung und schlängelte sich zwischen Fleute, Clausewitzstraße und Schwelmer Straße. Viele Bewohner Langerfelds jubelten dem "Bandwurm" zu. Toll war natürlich auch die "Verpflegungsstation des Beyeröhder Turnverein". Der Festzug zeigte auch die tiefe Verwurzelung der Einheit mit dem Stadtteil Langerfeld. Neben den vielen Feuerwehren, dem THW, dem BTV und LTV waren es auch die "Bandwirker", der Bürgerverein, die Bezirksvertretung und die "Bleicher", die unseren Umzug zum Highlight machten. Nach der Rückkehr am Gerätehaus begann dann noch ein gemütliches Beisammensein, zu dem die Bevölkerung herzlich eingeladen war. So mancher Fotofreak hatte bei der Fahrzeugschau dann noch ausreichend Gelegenheit zum "goldenen Schuß".

Diese drei Festtage waren ein wirklich tolles Erlebnis und haben unseren Stellenwert im Stadtteil Langerfeld bekräftigt. Wir freuen uns jetzt schon auf unser 150 jähriges Jubiläum!

Impressionen von den Festlichkeiten

Freitag 13.10.2000:

19.00h   offizieller Empfang im Gerätehaus
(geladene Gäste)

Samstag 14.10.2000:

20.00h   Festabend im CVJM-Heim am Hedtberg

Sonntag 15.10.2000:

11.00h   Gottesdienst "Alte Kirche" am
Langerfelder Markt

12.00h   Festumzug durch Langerfeld

13.00h   Tag der offenen Tür mit Fahrzeugschau am Gerätehaus

Impressum

Verantwortlicher Herausgeber:

Feuerwehr Wuppertal
Löscheinheit Langerfeld
Arbeitskreis Öffentlichkeitsarbeit
Am Timpen 44
42389 Wuppertal

Mitgewirkt an dieser Festschrift haben:

Joachim van Elsen, Karl Grünewald, Carl-Christoph Klünder, Stefan Klünder, Josef Linkenbach, Thomas Okunneck, Carsten Schlabach (verantwortlich), Vera Schmidt, Wilfried Storb, Karsten Storb, Martin Schneider

Quellenangaben:

Stadt Wuppertal, Presse- und Informationsamt
Statistik Feuerwehr Wuppertal

Fotos: Holger Bahlmann, Carl-Christoph Klünder, Stefan Klünder, Peter Kreiz, Carsten Schlabach, Karin Schwarz, Peter Schwarz, Wilfried Storb

Beratung: Josef Linkenbach, Bürgerverein Langerfeld

Druck: Books on Demand GmbH

Auflage: 1. Auflage 250 Exemplare

Die Rechtschreibung orientiert sich am Vorstoß der Frankfurter Allgemeinen Zeitung (FAZ) gegen die Rechtschreibreform. Etwaige Fehler bitten wir zu entschuldigen. Feuerwehrleute sind auch nur Menschen.